Z.n. 10984.

# NOTICE

## HISTORIQUE

### SUR LA CARRIÈRE TYPOGRAPHIQUE

DE

## Nicolas LAFFRAT.

TROYES.

TYPOGRAPHIE DE E. CAFFÉ, LITHOGRAPHE,

RUE DU TEMPLE, 31.

1854.

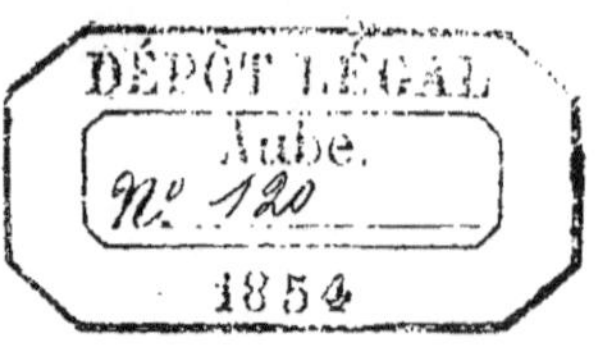

# NOTICE HISTORIQUE

## Sur la carrière Typographique

### DE

# Nicolas LAFFRAT.

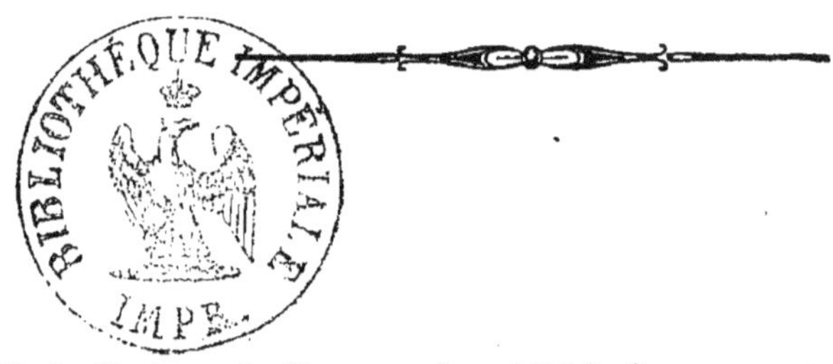

Né à Troyes, le 3 novembre 1798, LAFFRAT, à peine âgé de 14 ans, embrassait la profession de tisserand qu'exerçait son père. Les évènements désastreux de 1814-1815, vinrent briser ses espérances et l'avenir de sa famille, car celle-ci perdit tout son faible patrimoine et fut réduite à une affreuse misère, par suite de la rapacité des bandes étrangères.

L'anéantissement du commerce détruisit toutes les ressources sur lesquelles LAFFRAT fils fondait son avenir.

En janvier 1816, il dut à des sentiments de générosité et à des intentions de la plus haute bienveillance de la part de M$^{me}$ veuve André, d'être admis dans son imprimerie en qualité d'apprenti compositeur. Dérogeant aux usages et aux habitudes de la typographie, pour satisfaire à son désir d'alléger le malheur qui pesait sur LAFFRAT, M^me veuve André n'exigea de lui, pour tout apprentissage, que six mois de son temps sans rétribution et six autres mois à moitié gain du produit de son travail.

Cette faveur inespérée, eut pour LAFFRAT et sa famille, surtout dans cette année de disette et de souffrance, des résultats tellement avantageux, que toujours il en conservera un bon souvenir.

Son instruction n'était que très-ordinaire et sa nouvelle profession exigeait de lui des connaissances qu'il ne possédait pas. Un des neveux de M^me André, en qui se révélaient déjà l'intelligence et les hautes capacités qui plus tard devaient lui faire occuper une place distinguée parmi les hommes recommandables dont s'honore notre ville, M. Anner, ne tarda pas à remarquer la bonne volonté et l'activité de l'apprenti. Ce fut à la bonté de cœur, au dévouement, aux efforts incessants et à la bienveillance de M. Anner, que LAFFRAT dut l'amélioration intellectuelle qui l'a si utilement dirigé dans sa carrière professionnelle.

Huit années d'un travail assidu répondirent à la confiance qu'on avait mise en lui, et son activité à saisir toutes les occasions de se fortifier dans sa partie, ne se ralentit pas un seul instant pendant ce long séjour. Il ne dépendit ni de lui ni de ses patrons d'en prolonger plus long-temps la durée. Un manque d'ouvrage instantané et les besoins que lui imposait sa famille (car à cette époque déjà il était père de quatre enfants), obligèrent LAFFRAT à se procurer, dans une autre imprimerie de Troyes, un travail qui lui était rigoureusement nécessaire. Voici les termes du premier certificat qui lui fut délivré :

« Nous certifions que le nommé Laffrat, compositeur, a travaillé dans notre imprimerie depuis le 15 janvier 1816 jusqu'à ce jour, et qu'il sort libre envers nous de tout engagement.

» Nous n'avons aucun reproche à lui faire sur sa probité et sa conduite.

Troyes, le 1<sup>er</sup> janvier 1824,

» Signé : V<sup>e</sup> ANDRÉ et ANNER Fils. »

LAFFRAT entra donc dans l'imprimerie de M^me Bouquot. Bientôt sa conduite, son intelligence et les capacités qu'il avait acquises dans sa profession, le placèrent à la tête de cet atelier en qualité de prote. A peine 3 ans 1/2 s'étaient-ils écoulés, que M^me

Bouquot, sentant l'importance et la nécessité de s'assurer la conservation de son chef d'atelier, lui proposa de contracter un engagement notarié, tant sa présence était nécessaire pour la direction de divers travaux confiés à son imprimerie.

Voici les termes de cet acte :

» Par devant M<sup>e</sup> Alexandre-Pierre Péant de Saint-Gilles, et son collègue, Notaires à Troyes, etc., etc.

» Art. 1<sup>er</sup>. Le sieur Laffrat s'oblige, par ces présentes, de rester pendant deux années, à compter de ce jour, dans l'imprimerie de M<sup>me</sup> Bouquot, en qualité de contre-maître, de continuer, comme par le passé, à employer utilement son temps dans l'intérêt de M<sup>me</sup> Bouquot, et de contribuer, de tous ses moyens, à la prospérité de l'établissement.

» Art. 2. De son côté, M<sup>me</sup> Bouquot s'oblige de lui continuer le traitement qu'il a en ce moment, sur le pied de trois francs vingt-cinq centimes par jour, et d'agir avec lui comme elle l'a fait jusqu'à présent.

» Art. 3. Si, contre toute attente, le sieur Laffrat quittait l'imprimerie de M<sup>me</sup> Bouquot, pour aller travailler ailleurs, il demeure expressément convenu qu'il sera tenu de payer à M<sup>me</sup> Bouquot, à titre de dommages et intérêts, une somme de deux mille quatre cents francs, attendu que ces présentes ne sont faites que pour assurer quelques opérations déjà commencées, et que le départ du sieur Laffrat entraverait, et porterait un préjudice notable à l'établissement.

» Art. 4. M. Laffrat s'oblige d'honneur à ne pas communiquer aux imprimeurs de Troyes, ce qui se pratique dans l'atelier sur la manière de travailler, ni de ne rien faire qui puisse nuire audit établissement.

» Art. 5. De son côté, M<sup>me</sup> Bouquot s'oblige de continuer à employer ledit sieur Laffrat dans son imprimerie, et en tout cas de lui payer son traitement sur le pied actuel, et dans le cas où elle le renverrait sans motif plausible, de lui payer, à titre de dommages et intérêts, une somme de deux mille quatre cents francs pendant ledit délai de deux ans.

» Fait et passé à Troyes, etc., etc. »

Par cet acte, le prix de la journée se trouvait plus élevé que dans aucun autre atelier.

Pendant la durée de cet engagement, M. Bouquot fils succéda à sa mère, et se refusa à continuer une gratification annuelle, non stipulée dans l'acte, que cette dernière accordait à Laffrat. Ce refus amena des contestations et le Conseil des Prud'hommes fut appelé à en connaître. Un jugement rendu par tous les Membres réunis en tribunal, résilia les conditions de l'acte, tout en respectant les intérêts compromis de l'ouvrier et en réprouvant la conduite du patron.

Plutôt que de rentrer immédiatement, ainsi qu'on lui en faisait l'offre, dans une maison qui venait de tenir, à son égard, une conduite aussi inattendue, LAFFRAT préféra quitter son pays, et partit avec sa famille, pour Coulommiers.

Voici le certificat qu'il reçut en sortant de l'imprimerie de M^me Bouquot.

« Entré à l'imprimerie de M^me Bouquot, le 2 janvier 1824.

*Signé :* BOUQUOT Fils.

» Je soussigné, certifie que le sieur Nicolas Laffrat, qui a travaillé chez moi en qualité de prote, jusqu'à ce jour, depuis la date ci-dessus, en sort ce jourd'hui libre de tout engagement.

Troyes, le 5 Mai 1829.

*Signé :* BOUQUOT Fils.

Après quelques jours d'occupations dans l'atelier que gérait M. Kleffer, en qualité d'associé de M. Brodard, imprimeur à Coulommiers, il fut proposé à LAFFRAT de signer un engagement d'un an, délai que réclamait l'exécution des travaux pour lesquels sa présence était nécessaire. Les appointements journaliers qu'il recevait étaient portés à 4 francs.

Quelques mois plus tard, M. Bouquot regrettait déjà l'absence de son chef d'atelier. De nombreuses démarches furent faites pour en activer le retour, mais LAFFRAT, ne pouvant et ne voulant rompre l'engagement qu'il avait contracté, force fut d'attendre.

M. Bouquot, s'associant avec M. Béliard pour l'exploitation du *Journal de l'Aube,* de nouvelles tentatives eurent lieu auprès de LAFFRAT, et ce dernier, lié par des sentiments de reconnaissance envers M. Béliard, n'hésita pas à obtempérer à la demande qui lui était faite. Comme témoignage d'encouragement, LAFFRAT obtint de M. Bouquot, en plus des frais de voyage, une rémunération au-dessus de celle obtenue jusqu'alors à Troyes (3 fr. 75 c. par jour).

Pendant les pourparlers de ce retour, LAFFRAT apprit que la jalousie avait gagné quelques cœurs ingrats envers lui, et que des ouvriers, même des plus anciens, avaient décidé leur départ, sitôt sa présence ; il en fut ému en se rappelant tout le bien qu'il leur avait prodigué. Il crut devoir en prévenir M. Bouquot, ne voulant pas, par son arrivée, mettre son atelier dans un plus grand besoin d'ouvriers.

Voici la réponse de M. Bouquot, sous la date du 24 mai 1830 :

« ....: Je vous attends, d'après votre juste observation, au commencement du mois prochain. Ce qu'ont pu dire les compositeurs dont vous me parlez, ne m'épouvante pas : j'en ferai le sacrifice s'il le faut. Mais je pense que tout se passera bien, en les prévenant de votre arrivée seulement deux jours d'avance.... »

Son séjour à Coulommiers, quoique de courte durée, mérita à LAFFRAT des témoignages d'estime et de regrets qui se trouvent longuement exprimés dans diverses lettres qu'il possède.

Voici le certificat apposé sur son livret :

« Entré dans mon imprimerie le 17 mai 1829.

» *Signé :* BRODARD. »

» Sorti de mon imprimerie le 2 juin 1830, libre de tout engagement.

« *Signé :* BRODARD,

« *Imprimeur à Coulommiers.* »

De retour à Troyes, LAFFRAT sut, pendant quatre ans et quelques mois, se rendre digne de la confiance que l'on avait mise en lui, par un travail des plus assidus, et par la conduite intelligente des travaux qui lui furent confiés.

De nombreux dissentiments s'étant élevés entre MM. Bouquot et Béliard, une rupture en fut le résultat, et l'impression du journal dut se porter dans un autre maison. M. Béliard fit encore tous ses efforts pour que LAFFRAT le suivît. Ce dernier, étroitement attaché par des liens d'amitié et de reconnaissance, ne recula pas devant le sacrifice de la place qu'il occupait.

Voici le certificat qu'il reçut de M. Bouquot :

« Entré dans mon imprimerie le 5 juin 1830, en qualité de prote.

» *Signé :* BOUQUOT. »

« Sorti ce jourd'hui, libre de tout engagement.

» Troyes, le 5 octobre 1834.

» Je n'ai aucun reproche à lui faire.

» *Signé :* BOUQUOT. »

Entré de nouveau dans l'imprimerie de M. Anner, LAFFRAT fut

spécialement employé aux travaux du journal, en qualité de metteur en page ; toute la responsabilité de cet important travail lui fut confiée.

Malheureusement, lorsque la fortune vous quitte, l'adversité ne se fait pas long-temps attendre ; M. Béliard ne resta à la tête de l'entreprise que pendant environ douze ou quinze mois. La propriété et la rédaction de ce journal, naguère si glorieux pour lui, lui échappaient.

Pendant cet intervalle, M. Bouquot, pressentant la chute prochaine de M. Béliard, et comprenant de plus en plus les besoins de se rattacher son ancien prote, fit de nouveaux et actifs efforts auprès de LAFFRAT, pour le déterminer à rentrer chez lui. Les lignes qui suivent en sont la preuve irrécusable :

« Mon cher Laffrat,

» Quand je vous écrivis, il y a deux ou trois mois, peut-être quatre mois, c'était déjà pour vous demander à rentrer chez moi. Je ne sais si vous avez deviné ma pensée. Quoi qu'il en soit, je fus flatté de l'empressement que vous mîtes à répondre à ma lettre. Ma résolution tomba devant des concessions qui parurent nécessaires de part et d'autre. Aujourd'hui, il n'en sera point ainsi : je vous offre votre ancienne place, dès demain, s'il est possible, sans blesser les convenances.

» Venez me voir, nous en causerons.

» Tout à vous,

» *Signé :* BOUQUOT.

» Troyes, le 10 Novembre 1835. »

En effet, en décembre 1835, M. Béliard cessait toute participation dans la publication du *Journal de l'Aube.* Mais bientôt, aidé par les nombreux amis que son talent et la droiture de son esprit lui avaient conciliés, M. Béliard jeta les premières bases d'un nouveau journal, *le Propagateur.* L'impression de ce journal devait être confiée aux presses de M. Baudot. L'administration de cette publication, fondée par actions, appela LAFFRAT pour en diriger la composition typographique.

Malgré les incertitudes que pouvait faire naître une telle entreprise, surtout à côté du *Journal de l'Aube,* et malgré encore les offres avantageuses qui lui étaient faites par la lettre qui précède,

Laffrat ne craignit pas d'encourir tous les périls d'un non-succès ; fidèle aux sentiments de sa reconnaissance, il passa à la nouvelle publication. Alors, sortant de chez M. Anner, il reçut le certificat suivant :

« Entré dans mon imprimerie le 5 octobre 1834, sorti de ce jour, libre de tout engagement.

» Troyes, le 4 janvier 1836.

» *Signé* : Ve André et Anner. »

Attaché en qualité de metteur en page, à l'administration du nouveau journal, et chargé de la responsabilité de ce travail, Laffrat entra, en janvier 1836, dans l'imprimerie de M. Baudot.

Un jour, en novembre 1837, tous les compositeurs (nouveaux et anciens), au nombre de six, de l'imprimerie de M. Bouquot, ayant cessé leurs travaux, malgré la nécessité de la publication d'un journal qui s'y imprimait, Laffrat fut encore appelé pour reprendre la direction de cette imprimerie.

Il existe deux lettres attestant notoirement cette tentative de grève ; mais les termes peu convenables qui s'y trouvent consignés, empêchent de les publier.

Comme précédemment, Laffrat fut empêché de répondre à cet appel.

Près de quatre ans se passèrent ; un dévouement constant et une activité des plus rares méritèrent à Laffrat des marques non équivoques de reconnaissance de la part de l'administration.

Pour assurer un plus grand développement à cette entreprise, des dispositions nouvelles furent nécessaires, et au mois d'octobre 1839, l'impression de ce journal dut être transférée dans les ateliers de M. Cardon. Alors, Laffrat fut nécessairement obligé, par la force des choses, de suivre le travail auquel il était attaché ; il entra donc dans cette imprimerie.

Suit le texte du certificat délivré par M. Baudot :

« Entré dans mon imprimerie le 5 janvier 1836, sorti libre de tout engagement, le 15 octobre 1839.

» Troyes, le 15 octobre 1839.

» *Signé* : Baudot,

*Imprimeur à Troyes.* »

Quelques mois après, M. Cardon, remarquant l'aptitude et les capacités de LAFFRAT, ne craignit point de le placer à la tête de son importante imprimerie.

Il répondit dignement à cette marque de confiance ; son assiduité, son intelligence, ses veilles même, ne firent pas défaut à cet établissement, auquel les premiers libraires de Paris ne craignaient pas de confier leurs belles éditions, car alors les presses de M. Cardon luttaient de rivalité avec celles des premières maisons de la capitale.

En 1845, une circonstance fortuite faillit un instant faire naître une rupture entre LAFFRAT et M. Cardon : le départ d'un de ses amis de l'imprimerie de M. Anner, motiva un appel aux connaissances typographique de LAFFRAT, pour le remplacer. Des conditions tellement avantageuses lui étaient proposées, qu'il ne put s'empêcher de les accepter. Mais quand il fit part de cette résolution à la maison qui l'occupait, M. Cardon lui témoigna son étonnement et lui donna des marques du plus haut attachement, en lui faisant l'offre de porter ses appointements annuels à quinze cents francs au lieu de douze, rémunération que n'avait jamais obtenu aucun chef d'atelier dans la typographie troyenne. Quoique la nouvelle faveur qu'il obtenait fût loin d'égaler les avantages qui lui étaient proposés, sensible à une telle marque d'estime et ne consultant que le sentiment qu'elle faisait naître en lui, LAFFRAT renonça à la résolution qu'il avait prise.

Voici en quels termes il fit connaître à M. Anner, l'impossibilité où il était d'accomplir la promesse qu'il lui avait faite.

*A Monsieur* ANNER, *Imprimeur à Troyes.*

» Monsieur,

» C'est avec regret que je viens vous déclarer qu'il ne m'est pas possible d'accomplir les conventions consenties entre nous mardi soir, en présence de mon ami Caffé, malgré toutes les offres avantageuses que vous avez bien voulu me faire ; je vous en suis vivement reconnaissant : mais d'autres sentiments me guident en ce moment : M. Cardon vient de me donner de nouvelles

marques de sa confiance par un accroissement de traitement : la reconnaissance et l'attachement me font un devoir d'y répondre par la continuation de
mes travaux ; d'ailleurs, l'ingratitude n'a jamais trouvé place dans mon cœur
ni dans mes actions.

Vous êtes trop juste, Monsieur, pour blâmer ma conduite en cette circonstance ; quoique les avantages que m'offre M. Cardon soient loin d'avoir pour
moi un aussi beau résultat que les vôtres, il me serait trop pénible de persister
à une rupture, car ce n'est pas toujours l'argent qui doit être le mobile de nos
actions, et si je refuse aujourd'hui les offres de votre maison, ce n'est que
pour donner des preuves que le véritable ouvrier sait toujours se mettre à la
hauteur de la considération qu'on lui accorde.

» J'aime donc à croire, Monsieur, que ma conduite en ce jour ne me pri-
vera aucunement de l'estime dont vous vouliez bien m'honorer, quelque soit
le besoin où vous vous trouvez, car elle vous est une preuve de mes sentiments
et de mon dévouement pour la maison où je suis.

» Agréez, Monsieur, je vous prie, mes sincères salutations, et croyez à ma
reconnaissance.                                        LAFFRAT.

» Troyes, 13 Novembre 1845.

Pendant sa direction, LAFFRAT eut la bien douce satisfaction de
voir prospérer ce grand établissement, où, parfois, plus de trente
compositeurs étaient employés. Il vit avec non moins de plaisir en
sortir de belles et nombreuses éditions.

En 1847, ce fut sous sa direction, que M. Cardon soumit à l'expo-
sition artistique qui avait lieu à Troyes, des impressions en couleurs,
inconnues jusqu'alors dans notre ville. Ces impressions, sorties de
ses presses, méritèrent les mentions les plus honorables.

Jusqu'en mai 1848, la conduite de LAFFRAT ne se démentit pas,
et tous ses efforts, jusqu'alors, avaient eu pour résultat la prospérité
de l'atelier à la tête duquel il était placé. Il a en sa possession, de
la part des premières maisons de librairie de la capitale, ainsi que
de plusieurs hommes de lettres distingués, les plus beaux témoignages de reconnaissance qu'il soit possible à un ouvrier d'obtenir.

Des motifs, qui surgirent seulement des circonstances politiques
d'alors, amenèrent la rupture des bonnes relations qui, jusque-là,
avaient existé entre le patron et le chef d'atelier, et par cela seul,
LAFFRAT dut quitter l'imprimerie de M. Cardon.

Voici le certificat qu'il reçut :

« Entré dans mon imprimerie le 16 octobre 1839, sorti le 1ᵉʳ mai 1848,
quitte de tout engagement.»

» Je certifie que le dénommé d'autre part, est entré en qualité de prote.

» Troyes, le 1er Mai 1848.

Signé : CARDON.

A cette époque, le nouveau gouvernement, encourageant la formation des associations ouvrières, il fut conseillé à LAFFRAT, par des notabilités de la ville, de faire toutes les démarches nécessaires pour élever une imprimerie sous la protection gouvernementale. Des obstacles sans nombre étaient à surmonter, et quoiqu'aidé par des personnes hautement placées, LAFFRAT dut avoir recours à un brevet qui existait à Troyes, mais non exploité. Pour cela, il fallut s'associer un autre ouvrier imprimeur, qui possédait quelques ressources pécuniaires. Le transfert et l'autorisation ministérielle ne furent pas difficiles à obtenir, et ne se firent pas long-temps attendre.

Un matériel aussi complet que pouvaient le nécessiter les travaux auxquels devait se livrer ce nouvel établissement, fut acquis, et en octobre 1848, s'ouvrit, comme par enchantement, une nouvelle imprimerie à Troyes, rue des Bûchettes, sous la dénomination : *Association d'ouvriers, Lépine, Laffrat et C*ie. L'administration du journal *le Progrès* n'hésita pas à lui confier immédiatement l'impression de cette feuille.

Pendant moins d'un an que LAFFRAT dirigea, comme associé-gérant, cet établissement, les plus beaux avantages couronnèrent ses efforts intelligents et assidus.

Malgré les charges d'installation et les entraves que lui suscitait sans cesse son co-associé, il n'en fit pas moins obtenir, à cette imprimerie naissante, un bénéfice net de plus de 5,000 francs.

Au moment où le gouvernement allait accomplir la promesse qu'il avait faite de consacrer le principe de l'association, en accordant une allocation de 10,000 francs aux ouvriers réunis, l'égoïsme et la mauvaise foi soufflèrent la discorde dans l'âme de celui qui avait fourni quelques capitaux, et lui inspirèrent la maligne intention de s'approprier la totalité de cette nouvelle création.

Mais il eut la satisfaction de voir se pronnocer en sa faveur, les jurisprudences commerciale, arbitrale et de cour d'appel, devant lesquelles cette affaire fut appelée.

N'ayant d'autre titre que la bonne foi et la notoriété publique, LAFFRAT dut cesser ses fonctions de gérant et sortir de l'atelier qu'il avait élevé.

Cette association n'existait que sous des conditions verbales qui attendaient la sanction authentique.

Le gouvernement ayant eu connaissance de ses dissidents, refusa purement et simplement la protection qu'il avait promise.

Moins d'un an après, cette imprimerie, qui faisait concevoir de si belles espérances, avait totalement disparu de la ville de Troyes.

En décembre 1849, LAFFRAT fut appelé à donner son concours, en qualité de chef d'atelier, à l'imprimerie de M. Anner. Les nouveaux témoignages d'attachement et de considération qu'il recevait dans cette nouvelle position, lui faisaient entrevoir un avenir heureux et tranquille.

Une année à peine s'était écoulée dans cette perspective de bien-être, lorsque la plus terrible des afflictions vint tout-à-coup le frapper et détruire sa carrière ouvrière dans un âge encore peu avancé. Tout le fruit de son travail avait servi à subvenir aux charges plus qu'extraordinaires de la famille (il avait eu 12 enfants), et pendant plusieurs années il ne faillit point à sa mère dans la position nécessiteuse où la plaçait son grand âge.

Il se voyait en mesure de penser à lui-même et de se faire quelques économies, pour parer aux vicissitudes de notre fragile humanité et aux infirmités qui toujours accompagnent la vieillesse, lorsqu'il eut le malheur de devenir aveugle.

Voici les dernières lignes apposées sur son livret :

» Je, soussigné, certifie qu'après avoir géré l'imprimerie fondée à Troyes, sous la raison sociale Lépine, Laffrat et compagnie, ledit sieur Laffrat est entré dans mon imprimerie en qualité de prote, dans le cours de décembre 1849, et en est sorti à raison de son infirmité, le 1ᵉʳ janvier 1851.

» *Signé* : ANNER-ANDRÉ.

Ainsi, par une de ces coïncidences bizarres qu'on ne saurait expliquer, la maison où LAFFRAT débuta si heureusement, devait être, trente-cinq ans plus tard, témoin de la terrible infirmité qui l'obligea à quitter pour toujours la carrière typographique dans laquelle il s'était si dignement distingué.

» Troyes, — 1854. »

TROYES. — IMPRIMERIE DE E. CAFFÉ, LITHOGRAPHE, RUE DU TEMPLE, 31.

www.ingramcontent.com/pod-product-compliance
Lightning Source LLC
Chambersburg PA
CBHW050748070726
47597CB00009B/4120